JN441690

성령이
일으켜 주시는
달콤한 소원!

변승우 지음

도서출판 거룩한진주

CONTENTS

너희 안에서 행하시는 이는 하나님이시니

자기의 기쁘신 뜻을 위하여

너희에게 소원을 두고 행하게 하시나니

빌립보서 2장 13절

어제 아침 기도를 시작하기 전, 제 안에서 기도하고 싶은 마음이 올라왔습니다. 그 소원을 주신 하나님께 감사하며 기도할 때, 하나님께서 소원에 대한 말씀을 저에게 부어주셨습니다. 그래서 원래 하려고 예정했던 설교 대신 그것을 여러분과 나누고자 합니다.

여러분은 신앙생활을 하면서 가장 행복했던 순간이 언제입니까?

존 웨슬리는 "가장 좋은 것은 하나님이 나와 함께하는 것이다!"라는 말을 세 번 반복하며 행복하게 생을 마감했습니다. 하나님은 행복의 근원이십니다. 그러므로 하나님이 임재하실 때 참 평화와 행복이 느껴지는 것은 당연한 것입니다.

그런데, 우리가 참 행복을 느끼는 또 다른 순간이 있습니다. 바로 하나님의 뜻에 맞는 소원이 우리 속에서 올라올 때입니다. 이런 소원은 신앙생활에 굉장히 필요하고 중요합니다. 그러나 그 중요성을 몰라서 대수롭지 않게 여기고 놓치는 경우가 많습니다. 이는 영적으로 큰 손해입니다. 그래서 오늘은 이런 소원들의 중요성과 하나님께서 소원들을 일으켜주실 때 우리가 어떻게 반응해야 되는지에 대해 구체적으로 말씀드리고자 합니다.

1. 마귀가 일으키는 소원과 하나님이 일으켜 주시는 소원이 있습니다.

먼저, 마귀가 일으키는 소원이 있습니다. 창세기에 보면 마귀가 하와에게 말을 걸어옵니다. 우리는 절대 뱀과 대화하면 안 됩니다. 그러나 하와는 뱀의 말에 귀를 기울였습니다(창 3:1-5).

그럼 하와가 뱀의 말을 들은 결과 어떻게 되었을까요?

> 창세기 3:6 **"여자가 그 나무를 본즉 먹음직도 하고 보암직도 하고 지혜롭게 할 만큼 탐스럽기도 한 나무인지라."**

이처럼 하와가 그 후 선악과를 보니, 먹음직하고 보암직도 하고 지혜롭게 할 만큼 탐스러워 보였습니다. 죄악된 소원이 생겨난 것입니다. 그 결과 선악과를 따먹고 타락하고 말았습니다.

마귀는 마지막 아담인 예수님께도 똑같은 시도를 했습니다. 마태복음 4장이 그것을 보여주는데,

마귀는 돌로 떡을 만들어 먹어라, 성전꼭대기에서 뛰어 내려라, 천하만국의 영광을 보여주면서 내게 절하라고 예수님을 유혹했습니다. 그러나 예수님은 마귀가 일으키려는 소원을 일절 허용하지 않으셨습니다.

그런데, 마귀는 변하지 않았습니다. 마귀는 여전히 우리에게 말을 걸어옵니다. 그리고 우리 속에 금지된 소원들을 일으키려고 합니다. 그것이 요한일서에 이렇게 기록되어 있습니다.

> 요한일서 2:15-16 **"이 세상이나 세상에 있는 것들을 사랑하지 말라.** 누구든지 세상을 사랑하면 아버지의 사랑이 그 안에 있지 아니하니 **이는 세상에 있는 모든 것이 육신의 정욕과 안목의 정욕과 이생의 자랑이니 다 아버지께로부터 온 것이 아니요** 세상으로부터 온 것이라."

사도 요한은 이것이 "아버지께로부터 온 것이 아니요"라고 말했습니다.

그럼 누구에게서 온 것일까요? 바로 세상 임금인 원수 마귀입니다. 마치 마귀가 세상 영광을 예수님께 보여준 것처럼, 마귀는 이 세상을 통해 끊임없이 우리 속에 육신의 정욕과 안목의 정욕과 이생의 자랑 등 잘못된 소원을 일으키려고 합니다. 마귀는 지금도 우리 안에 하나님의 뜻과 반대되는 소원을 일으키려고 혈안이 되어 있습니다. 17절은 마귀가 이런 일을 하는 목적을 우리에게 보여줍니다.

"이 세상도, 그 정욕도 지나가되 **오직 하나님의 뜻을 행하는 자는 영원히 거하느니라.**"

사람이 천국에서 영원히 살려면 하나님의 뜻을 행해야 합니다(마 7:21). 이는 이와 반대로 육신의 정욕과 안목의 정욕과 이생의 자랑을 따르며 살면 지옥행이라는 뜻이 됩니다. 우리를 지옥으로 끌고 가는 것! 이것이 마귀의 목적입니다. 그러므로 우리는 절대 마귀의 꾀임에 넘어가면 안 됩니다.

다음으로, 하나님이 일으켜 주시는 소원이 있습니다.

빌립보서 2:13 **"너희 안에서 행하시는 이는 하나님이시니 자기의 기쁘신 뜻을 위하여 너희에게 소원을 두고 행하게 하시나니"**

여러분, 이 구절을 피상적으로 읽지 마십시오. 저는 최근에 하나님께서 일으켜 주시는 소원들이 제 마음속에 일어날 때, 이 구절에서 말하는 것이 실제로 그 소원들을 뜻한다는 것을 깨달았습니다. 그러므로 이것은 매우 실제적인 말씀입니다. 마귀는 하나님의 뜻과 불일치하는 소원을 일으킵니다. 그러나 하나님은 하나님의 뜻과 일치하는 소원을 일으키십니다. 그러므로 그 소원은 하나님이 우리 안에 계시고 역사하시고 있다는 증거입니다. 그러니 얼마나 감사한 일입니까?

다시 말하지만, 하나님은 우리 안에서 자신이 기뻐하시는 소원을 일으켜 주시는 분입니다. 하나님은 우리 안에서 운행하시면서 성경을 읽고 싶은 소원, 기도하고 싶은 소원, 감사하고 싶은 소원, 설교를 듣고 싶은 소원, 신앙서적을 읽고 싶은 소원, 거룩하고 싶은 소원, 예수님을 사랑하고 싶은 소원, 주님을 닮고자 하는 소원, 주님을 기쁘시게 해드리고 싶은 소원, 헌금하고 싶은 소원, 구제하고 싶은 소원, 금식하고 싶은 소원, 누군가에게 복음을 전하고자 하는 소원, 다른 사람에게 위로의 말을 건네고 싶은 소원 등 무수히 아름다운 소원을 일으켜 주십니다. 하나님께서 이렇게 하시는 것은 우리를 주님의 형상으로 빚으시기 위함입니다.

1. 마귀가 일으키는 소원과 하나님이 일으켜 주시는 소원이 있습니다.

우리는 자신의 힘으로 변화될 수 없습니다. 오직 하나님의 은혜로만 변화될 수 있습니다. 그런데 하나님께서 일으켜 주시는 소원들이 바로 하나님께서 우리에게 부어주시는 은혜입니다. 하나님은 이것들을 사용해서 우리를 변화시키시고 궁극적인 구원으로 인도하십니다. 본문의 전후 구절들에 그것이 분명히 나타나 있습니다.

빌립보서 2:12 "그러므로 나의 사랑하는 자들아 너희가 나 있을 때뿐 아니라 더욱 지금 나 없을 때에도 **항상 복종하여 두렵고 떨림으로 너희 구원을 이루라.**"

빌립보서 2:15-16 **"이는 너희가 흠이 없고 순전하여 어그러지고 거스르는 세대 가운데서 하나님의 흠 없는 자녀로 세상에서 그들 가운데 빛들로 나타내며** 생명의 말씀을 밝혀 **나의 달음질**

이 헛되지 아니하고 수고도 헛되지 아니함으로 그리스도의 날에 내가 자랑할 것이 있게 하려 함이라."

이처럼 하나님이 일으켜 주시는 소원을 따라 행하는 것이 작은 일 같아도, 그 결과는 엄청난 것입니다. 그러므로 하나님이 일으켜 주시는 소원을 절대로 가볍게 여기거나 무시하지 마십시오. 그리고 그 소원을 귀히 여기고 반드시 그 소원을 따라 행하는 여러분 되시기 바랍니다.

2. 이런 두 가지 소원이 일어날 때 우리는 어떻게 반응해야 할까요?

먼저, 마귀가 일으키는 소원에 대해서는 절제해야 합니다. 이에 대해 베드로는 이렇게 썼습니다.

베드로전서 2:11 "사랑하는 자들아 거류민과 나그네 같은 너희를 권하노니 **영혼을 거슬러 싸우는 육체의 정욕을 제어하라.**"

또, 바울은 이렇게 말했습니다.

고린도전서 9:27 "**내가 내 몸을 쳐 복종하게 함은** 내가 남에게 전파한 후에 자신이 도리어 버림을 당할까 두려워함이로다."

여기서 '내 몸을 쳐 복종하게 한다'는 것은 육체의 소욕 때문에 그리하는 것이므로 절제하라는 말과 뜻이 같습니다. 실제로 바울은 그 앞 24-25절에서 이렇게 말했습니다.

"운동장에서 달음질하는 자들이 다 달릴지라도 오직 상을 받는 사람은 한 사람인 줄을 너희가 알지 못하느냐? 너희도 상을 받도록 이와 같이 달음질하라. **이기기를 다투는 자마다 모든 일에 절제하나니"**

여기서 바울은 "운동장에서 달음질하는 자들이 다 달릴지라도 오직 상을 받는 사람은 한 사람인 줄을 너희가 알지 못하느냐?"라고 말했습니다. 그런데 이 구절에 나오는 '상'은 상급이 아니라 궁극적 구원을 뜻합니다. 궁극적인 구원을 받기 위해 하는 노력을 경주에 비유한 것이기 때문입니다. 23절이 그 증거입니다.

"내가 복음을 위하여 모든 것을 행함은 복음에 참예하고자 함이라."

그러므로 이 말은 구원 받는 사람이 마치 달리기에서 상 받는 사람처럼 심히 적다는 뜻입니다.

우리는 반드시 그 소수 안에 들어가야 합니다. 그리고 그러려면 반드시 절제해야 합니다.

그런데 바울이 말하는 절제는 "모든 일에"가 보여주듯이 음식뿐 아니라 절제가 필요한 모든 것에 대한 것입니다. 특히, 마귀가 육신의 정욕과 안목의 정욕과 이생의 자랑으로 유혹할 때 그것에 굴복하지 않고 이겨내는 것을 뜻합니다. 한마디로, 요한이 "정욕"이라는 단어로 요약한 것을 이겨내는 것입니다. 이런 절제가 우리 모두에게 반드시 필요합니다.

그런데, 우리 힘으로 이렇게 절제할 수 있나요? 없습니다. 그러려면 거듭나야 하고, 그 후에도 지속적으로 성령 충만해야 합니다. 왜냐하면 절제는 성령의 열매이기 때문입니다.

갈라디아서 5:22-23 "**오직 성령의 열매는** 사랑과 희락과 화평과 오래 참음과 자비와 양선과 충성과 온유와 **절제니** 이같은 것을 금지할 법이 없느니라."

절제는 성령의 도움이 없으면 불가능합니다. 이것이 예수님이 항상 기도함으로 깨어있으라고 말씀하신 이유입니다.

누가복음 21:34-36 "너희는 스스로 조심하라. 그렇지 않으면 방탕함과 술취함과 생활의 염려로 마음이 둔하여지고 뜻밖에 그 날이 덫과 같이 너희에게 임하리라. 이 날은 온 지구상에 거하는 모든 사람에게 임하리라. 이러므로 **너희는 장차 올 이 모든 일을 능히 피하고 인자 앞에 서도록 항상 기도하며 깨어 있으라** 하시니라."

그러니 날마다 기도해야 될까요? 안 해도 될까요? 해야 되겠지요! 그런데 과연 여러분은 날마다 기도하고 계신가요? 안 하셨어도 아직 늦지 않았습니다. 그러므로 오늘부터 반드시 날마다 기도하는 여러분 되시기 바랍니다.

다음으로, 하나님이 일으켜 주시는 소원은 그 소원을 따라 행해야 합니다. 그것이 곧 바울이 말한 성령을 따라 행하는 것입니다.

로마서 8:4 "육신을 따르지 않고 **그 영을 따라 행하는 우리에게 율법의 요구가 이루어지게 하려 하심이니라.**"

갈라디아서 5:16 "내가 이르노니 **너희는 성령을 따라 행하라 그리하면 육체의 욕심을 이루지 아니하리라.**"

우리는 교회만 왔다 갔다 하지 말고 반드시 성령을 따라 행하는 사람이 되어야 합니다. 왜냐하면 그런 자들만 참 하나님의 자녀이기 때문입니다.

로마서 8:14 **"무릇 하나님의 영으로 인도함을 받는 사람은 곧 하나님의 아들이라."**

또, 갈라디아서 5장 16-23절이 보여주듯이 오직 그런 자들만 천국을 유업으로 받을 수 있기 때문입니다.

여기서, 여러분에게 부담만 계속 주는 것을 잠시 멈추고 격려가 될 만한 말을 하나 하겠습니다. 마귀가 일으키는 소원은 성령의 도움이 아니면 뿌리칠 수 없습니다. 그러나 성령이 일으켜 주시는 소원은 능히 따라서 행할 수 있습니다. 왜냐하면 참 신자는 로마서 7장이 아니라 8장의 사람이기 때문입니다.

또한, 성령이 일으켜 주시는 소원은 그 소원 자체가 성령의 역사입니다. 때문에 능히 그것을 따라 행할 수 있습니다. 그것은 불가능하거나 어려운 것이 아닙니다. 단지 순종과 선택의 문제일 뿐입니다. 신자라면 누구나 능히 성령이 주시는 소원을 따라 행할 수 있습니다. 그러므로 이것을 기억하고 핑계하지 마시고 하나님이 일으켜 주시는 소원을 반드시 따라 행하는 여러분 되시기 바랍니다.

3. 마귀가 일으키는 소원은 즉각 대적하고 성령이 일으켜 주시는 소원은 즉각 순종하는 습관을 기르십시오.

로마서 8장 4절에 보면 사활적으로 중요한 이런 말씀이 나옵니다.

"육신을 따르지 않고 그 영을 따라 행하는 우

리에게 율법의 요구가 이루어지게 하려 하심이니라."

여기서 "육신을 따르지 않고"에 내포되어 있는 '육신을 따른다'는 것은 마귀가 주는 소원을 따라 행하는 것을 뜻합니다. 또, "그 영을 따라 행하는 우리에게"는 하나님이 주시는 소원을 따라 행하는 것을 뜻합니다. 그런데, 그 뒤에 이런 말씀이 있습니다.

로마서 8:5 "**육신을 따르는 자는 육신의 일을, 영을 따르는 자는 영의 일을 생각하나니**"

여기서 '생각한다'는 것은 새가 날아가듯 지나치는 생각을 뜻하는 것이 아닙니다. 계속 골똘히 생각하는 것을 뜻합니다. 그런데 이것은 우리에게 매우 중요한 교훈을 줍니다.

먼저, 마귀가 육신의 생각(소원)을 떠오르게 하면 즉각 생각하기를 멈춰야 한다는 것입니다. 비유컨대 그런 생각은 신호등의 빨간불과 같습니다. 그러므로 생각을 바로 스톱해야 합니다. 그리고 즉각 다른 생각을 해야 합니다. 즉, 여러분의 의지로 생각의 운전대를 다른 방향으로 돌려야 합니다.

왜냐하면 이런 생각들은 마귀의 미끼이기 때문입니다. 그것을 계속 생각하면 생각을 넘어 욕심이 잉태하게 됩니다. 그 결과 범죄하게 됩니다. 또한, 단지 범죄하는 것이 아니라 범죄할 수밖에 없는 상태가 됩니다.

로마서 8:7 **"육신의 생각은 하나님과 원수가 되나니 이는 하나님의 법에 굴복하지 아니할 뿐 아니라 할 수도 없음이라."**

그러나 어리석게도 많은 이들이 이런 생각을

즉각 멈추지 않습니다. 물고기처럼 마귀의 미끼를 덥석 뭅니다. 그래서 생각이 욕심이 되고 하나님의 법에 굴복할 수 없는 상태가 되어버립니다. 그런 후에 아무리 노력해도 죄를 이길 수 없다고 푸념합니다.

그러나 하나님은 우리에게 불가능한 일을 명령하지 않으십니다. 죄를 이기는 것은 불가능한 것이 아닙니다. 그러므로 할 수 없다는 생각을 버리고 마귀가 이런 생각을 줄 때마다 즉각 생각을 멈추고 생각의 방향을 바꾸십시오. 바울의 말대로 모든 생각을 사로잡아 그리스도에게 복종하게 하십시오.

> 고린도후서 10:5 "하나님 아는 것을 대적하여 높아진 것을 다 무너뜨리고 **모든 생각을 사로잡아 그리스도에게 복종하게 하니**"

그러면 능히 죄를 이길 수 있습니다.

한편, 지혜자 솔로몬은 잠언 4장 23절에서 이런 말을 했습니다.

"모든 지킬 만한 것 중에 더욱 네 마음을 지키라. 생명의 근원이 이에서 남이니라."

우리는 무엇보다 마음을 지켜야 합니다. 그런데 무엇으로부터 지켜야 할까요? 바로 마귀가 심어 주려는 생각으로부터입니다(요 13:2).

또, 성경에서 바울은 이렇게 말했습니다.

빌립보서 4:8 **"끝으로 형제들아 무엇에든지 참되며 무엇에든지 경건하며 무엇에든지 옳으며 무엇에든지 정결하며 무엇에든지 사랑 받을 만하며 무엇에든지 칭찬 받을 만하며 무슨 덕이 있든지 무슨 기림이 있든지 이것들을 생각하라."**

그러므로 하나님이 기뻐하시지 않는 생각들을 즉각 물리치고 원천 봉쇄하십시오. 계속 그렇게 하면 우리 모두 능히 죄를 이길 수 있습니다.

다음으로, 하나님이 주시는 생각(소원)이 떠오르면 뒤로 미루지 말고 즉각 순종해야 합니다. 그 소원을 따라 행해야 합니다. 비유컨대 이것은 신호등의 녹색불과 같습니다. 요즘 녹색불이 켜진 후 3초만 지나도 뒤에서 빵빵거리고 난리입니다. 그러므로 주저하지 말고 즉각 하나님께서 일으켜 주시는 생각과 소원을 행동으로 옮기십시오.

우리는 믿음의 조상 아브라함을 본받아야 합니다.

창세기 22:1-3 "그 일 후에 하나님이 아브라함을 시험하시려고 그를 부르시되 아브라함아 하시니 그가 이르되 내가 여기 있나이다. 여호와께서 이르시되 네 아들 네 사랑하는 독자 이삭을 데리고 모리아 땅으로 가서 내가 네게 일러 준 한 산 거기서 그를 번제로 드리라. **아브라함이 아침에 일찍이 일어나** 나귀에 안장을 지우고 두 종과 그의 아들 이삭을 데리고 번제에 쓸 나무를 쪼개어 가지고 떠나 **하나님이 자기에게 일러 주신 곳으로 가더니**"

이처럼 우리는 하나님이 일으켜 주시는 생각과 소원을 즉각 실천해야 합니다. 그렇게 하면 처음에는 일개 생각이었던 것이 우리의 행동이 되고 삶이 됩니다. 또, 계속 그렇게 하면 우리의 인격이 되어 버립니다. 즉, 우리 모두 변화됩니다.

이쯤에서, 다시 한번 강조하고 싶은 것이 있습니다. 마귀가 주는 생각을 한두 번 절제하고, 하나님이 주시는 생각을 한두 번 실천하는 것은 아무 의미도 없습니다. 수십 번 하는 것도 의미가 없습니다. 우리는 계속해서 끝없이 그렇게 해야 합니다. 그렇게 할 때만 죄를 이길 수 있고 변화될 수 있습니다. 이것을 꼭 명심하십시오. 그리고 몇 번 해보고 안 된다고 말하지 말고 열심히 훈련하는 선수들처럼 이 일을 무한반복해서 꼭 돌파하고 승리하는 여러분 되시기 바랍니다.

끝으로, 조심하십시오. 이것은 우리가 해도 되고 안 해도 되는 것이 아닙니다. 왜냐하면 로마서 8장 6절에 이렇게 기록되어 있기 때문입니다.

> **"육신의 생각은 사망이요 영의 생각은 생명과 평안이니라."**

놀랍게도, 생각이 생사를 좌우합니다. 때문에 사활적으로 중요합니다. 그러므로 마귀가 일으키는 생각은 즉각 절제하고 하나님이 일으켜 주시는 생각은 즉각 실천하는 것을 절대적인 규칙으로 삼으십시오. 그리고 오늘부터 반드시 그리고 꾸준히 그렇게 행하는 여러분 되시기 바랍니다.

결론을 말씀드리겠습니다. 오늘 설교를 통해, 우리는 하나님께서 우리 안에 일으켜 주시는 소원이 얼마나 보배롭고 귀한 것인지 알았습니다. 그러나 어떤 분들은 이 설교를 듣고 이런 소원이 자기 속에서 안 일어나거나 너무 적게 일어난다고 고민할 것입니다.

그것은 왜 그럴까요? 저는 그 이유가 둘 중 하나라고 생각합니다.

성령이 우리 안에서 행하실 때 이런 소원이 일어납니다. 그러므로 참으로 회개하고 믿은 적이 없어서 성령이 내주하시지 않는 것이 그 이유일 수 있습니다. 또한, 성령이 그 안에 계시더라도 기도생활을 등한히 해서 성령으로 충만하지 않은 것이 이유일 수도 있습니다.

사도 바울은 이렇게 경고했습니다.

고린도후서 13:5 "너희는 믿음 안에 있는가? 너희 자신을 시험하고 너희 자신을 확증하라! **예수 그리스도께서 너희 안에 계신 줄을 너희가 스스로 알지 못하느냐? 그렇지 않으면 너희는 버림받은 자니라."**

그러므로 그리스도께서 우리 안에 계신 줄을 우리가 스스로 알지 못하는 것은 매우 끔찍한 것입니다. 왜냐하면 구원받지 못했거나 버림받은 자라는 것을 의미하기 때문입니다.

로마서 8장이 보여주듯이, 그리스도는 성령님을 통해 우리 안에 거하십니다. 또, 성령이 우리 안에 거하신다는 것을 스스로 알 수 있는 방법 중 하나가 성령께서 일으켜 주시는 소원들입니다. 그러므로 이런 소원들이 자기 안에서 일어나지 않는다면 무심코 지나칠 일이 아닙니다. 진지하고 심각하게 고민해야 합니다. 그런즉 만약 여러분이 그런 상태라면 자신을 철저히 점검하십시오. 그 후 거듭나지 않았다면 진정으로 거듭나게 해달라고 하나님께 구하십시오. 또한, 거듭났다면 다시 성령으로 충만하게 해달라고 필사적으로 하나님께 기도하는 여러분 되시기 바랍니다.

또, 잠언 23장 7절에 보면 이런 유명한 말씀이 있습니다.

"대저 그 마음의 생각이 어떠하면 그 위인도 그러한즉"

앞에서도 언급했듯이, 이 구절의 '생각'도 소원과 같은 의미입니다. 왜냐하면 하나님께서 우리 안에서 행하실 때 생각이라는 형태로 소원을 일으키시기 때문입니다. 그러므로 그 사람의 소원은 그가 어떤 사람인지를 보여주는 것입니다. 그러니 하나님께로부터 오는 소원이 잦아지고 점점 더 강해지는 것이 얼마나 중요한 것인지 아시겠지요!

그러면 이렇게 중요한 소원을 어떻게 해야 더 많아지고 강해지게 할 수 있을까요? 저는 오늘 설교를 통해 이미 그 답을 설명해드렸습니다.

먼저, 소원을 귀히 여기십시오! 절대로 소원을 가볍게 여기지 마십시오. 저는 하나님이 기뻐하시는 소원이 제 안에서 올라올 때마다 너무 기쁘고 감사한 마음이 듭니다. 그래서 그때마다 매번 하나님께 감사드립니다. 아울러, 그런 소원을 일곱 배로, 칠십 배로, 칠백 배로 더 강하게 일으켜 달라고 간구합니다. 이처럼 여러분 모두 소원을 소원하는 자가 되십시오.

다음으로, 하나님이 소원을 일으키시면 즉시 그 소원을 따라 행하십시오! 그것이 곧 성경이 우리에게 요구하는 순종입니다. 그리고 한 번만 그렇게 하지 말고 계속 그렇게 하십시오. 이것이 여러분의 습관이 되게 하십시오! 그렇게 하면 소원이 더 많아지고 더 강해집니다. 그리고 결국 소원의 종류와 크기만큼 여러분이 더 존귀하고 더 영광스러운 사람으로 변화되게 되실 것입니다. 할렐루야!

변승우 목사의 저서

40년 만에 완성된 인생 설교
그리스도의 율법
변승우 | 신국판 변형 | 332면 | 20,000원

천국에 가야 풀릴 줄 알았던 삼위일체의 신비!
변승우 | 신국판 변형 | 464면 | 24,000원

위험한 신앙과 안전한 신앙!
변승우 | 신국판 변형 | 104면 | 9,000원

저자의 147번째 책이자 대표작!
"아브라함의 하나님, 이삭의 하나님, 야곱의 하나님"에 대한 계시!
원 샷~ 올 킬!
변승우 | 신국판 | 184면 | 12,000원

누구나 할 수 있는 매일 기도!
변승우 | 신4.6판 | 72면 | 6,500원
큰글씨 | 신국판 변형 | 84면 | 7,000원

하늘에서 빛이 비추고 눈이 열리니 길이 보입니다!
빛!!!
변승우 | 신국판 변형 | 108면 | 7,000원

저자의 144번째 책이자 또 하나의 대표작!
죄를 이길 수 있는 비결!
하늘에서 내려온 동아줄
변승우 | 신국판 변형 | 160면 | 10,000원

누구나 죽으면 가는 천국과 지옥! 어느 종교의 주장이 진짜일까요?
변승우 | 신국판 변형 | 68면 | 6,000원

대죄와 소죄에 대한 깨달음!
변승우 | 신4.6판 | 56면 | 6,000원

킹제임스 성경 팩트 체크!
변승우 | 신4.6판 | 76면 | 6,500원

로마서 7장 14-25절의 현재시제와 삽입구에 대한 사이다 설명
변승우 | 신국판 변형 | 136면 | 10,000원

목사님, 십자가 강도의 구원이 궁금해요!
변승우 | 신4.6판 | 52면 | 6,000원

내가 너희에게 복을 주리라!
변승우 | 신국판 변형 | 120면 | 9,000원

우리가 죽을 때까지 초점 맞춰야 할 4가지!
변승우 | 신국판 변형 | 55면 | 5,500원

신앙생활 완벽 가이드
성령의 세 가지 인도!
변승우 | 신국판 | 240면 | 13,000원

더 높은 차원으로 부르시는 하나님!
변승우 | 신국판 | 168면 | 12,000원

신자들이 섬기는 세 가지 우상!
변승우 | 신국판 변형 | 80면 | 7,000원

저자가 쓴 130권 중 대표작!
개신교의 아킬레스건이 된 칭의의 교리
변승우 | 신국판 | 440면 | 23,000원

한국 교회, 개혁 외에는 답이 없다!
쇼킹! 한기총회장과 사무총장의 돈 요구!
변승우 | 신국판 | 188면 | 12,000원

특별기획
다문화TV 초대석 - 인터뷰 전문 사랑하는교회 변승우 목사
변승우 | 신국판 변형 | 64면 | 7,000원

엄선한 천국지옥 방문기!
당신의 영원을 어디서 보낼 것인가?
변승우 편저 | 신국판 | 276면 | 13,000원

영과 혼의 궁금증이 풀리다!
너 자신을 알라!
변승우 | 신국판 | 496면 | 25,000원

저자가 쓴 125권 중 대표작!
당신의 복음은 바울의 복음인가?
변승우 | 신국판 | 444면 | 20,000원

사랑하는 사람을 구원하는 책!
노후준비보다 중요한 사후준비!
변승우 | 신국판 | 184면 | 12,000원
큰글씨 | 신국판 | 232면 | 13,000원

하나님 아빠 아버지!
변승우 | 신국판 변형 | 84면 | 7,000원

우리 산상수훈과 함께 다시 시작해요! (중)
나는 바리새인보다 나은 의를 가지고 있는가?
변승우 | 신국판 | 512면 | 20,000원

유대교의 전철을 밟고 있는 개신교!
변승우 | 신국판 변형 | 80면 | 6,000원

우리 산상수훈과 함께 다시 시작해요! (상)
나는 팔복의 사람인가?
변승우 | 신국판 | 524면 | 20,000원

중심이 미래를 좌우한다!
변승우 | 신국판 | 120면 | 7,000원

은사 사역 필독서!
너희는 더욱 큰 은사를 사모하라!
변승우 | 신국판 | 272면 | 12,000원

이 책 한 권이면 계시록이 보인다!
하나님의 어리석음이 사람보다 지혜롭다!!!
변승우 | 신국판 | 848면 | 33,000원

지옥에 가는 크리스천들(수정증보판)
변승우 | 신국판 | 424면 | 12,000원

터
변승우 | 신국판 | 292면 | 9,000원

정경의 권위
변승우 | 신국판 | 160면 | 7,000원

다이아몬드 같은 진리!
변승우 | 신국판 | 488면 | 16,000원

예정론의 최고난제: 토기장이의 비유 풀이!
변승우 | 신국판 | 244면 | 12,000원

능력으로 관통되는 복음!
변승우 | 신4.6판 | 76면 | 5,000원
큰글씨 | 신국판 변형 | 84면 | 6,000원

이기는 자가 가는 나라!
변승우 | 문고판 | 48면 | 3,000원
큰글씨 | 신국판 변형 | 56면 | 4,000원

한 가지!
변승우 | 신국판 변형 | 112면 | 6,000원

십일조 대논쟁!
변승우 | 신국판 | 144면 | 7,000원

길
변승우 | 신국판 | 228면 | 7,000원

열방을 위한 하나님의 전략!
변승우 | 신국판 | 184면 | 9,000원

거룩한진주의 도서들 2

정통보다 더 성경적인 교회!
변승우 | 신국판 | 180면 | 8,000원

하나님의 집인가? 귀신의 집인가?
변승우 | 신국판 변형 | 84면 | 9,000원

당신의 자녀를
하나님의 자녀가 되게 하라!
변승우 | 신국판 변형 | 108면 | 8,000원

참으로 하나님의 은혜를 깨달은 날부터!
변승우 | 신국판 변형 | 64면 | 4,500원

사랑하는교회에 뿌리를 내려라!
변승우 | 신4.6판 | 80면 | 6,000원

제7차 아프리카 선교 보고
오늘도 살아 역사하시는 하나님!
변승우 편저 | 신국판 변형 | 92면 | 7,000원

"아이고 집사님, 아이고 권사님,
아이고 목사님이 왜 지옥에 계시나요?"
신국판 변형 | 52면 | 5,000원

아프리카 선교 현장에서
사도행전이 재현되다!
신4.6판 | 56p | 3,500원

주님, 이 구절은 무슨 뜻인가요?
변승우 | 신4.6판 | 132면 | 6,500원

강남 사는 이작골 스타일 목사의
산소 같은 산행일기 3
변승우 | 4.6배판 변형 | 328면 | 17,000원

부에 대한 균형 잡힌 가르침!
변승우 | 신국판 | 160면 | 8,000원

사랑하는교회는 어떤 교회인가?
변승우 | 신국판 변형 | 108면 | 6,000원

강남 사는 이작골 스타일 목사의
산소 같은 산행일기 2
변승우 | 4.6배판 변형 | 292면 | 16,500원

해 아래 가장 명백한 진리! (복음전도용)
변승우 | 문고판 | 24면 | 1,000원
큰글씨 | 신국판 변형 | 24면 | 2,000원

오직 기독교가 길이요 진리요 생명이다!
변승우 | 문고판 | 40면 | 2,000원
큰글씨 | 신국판 변형 | 48면 | 3,000원

성경이 흔들리면 기독교가 무너진다!
변승우 | 신국판 | 164면 | 7,000원

평생 되새겨야 할 가장 중요한 진리!
변승우 | 신국판 변형 | 104면 | 7,000원

동성애 쓰나미!
변승우 | 신국판 | 328면 | 13,000원

믿음의 말씀 바로 알기!
변승우 | 신국판 변형 | 168면 | 8,000원

스카이(SKY)보다 크신 하나님!
변승우 | 신4.6판 | 76면 | 5,000원

하나님께 나아가자!
변승우 | 신국판 변형 | 92면 | 8,000원

하나님의 시선을 끄는 겸손!
변승우 | 신4.6판 | 48면 | 4,000원

땅에 떨어지는 예언들!
변승우 | 신국판 | 216면 | 11,000원

믿음으로 자백하라!
변승우 | 신국판 변형 | 160면 | 7,000원

전염병 경보 발령!
변승우 | 신국판 변형 | 84면 | 5,000원

사랑하는교회(舊 큰믿음교회)
이단시비 종결되다!
변승우 편저 | 신국판 | 196면 | 6,000원

교회를 허무는 마귀의 교리
은사중지론!
변승우 | 신4.6판 | 60면 | 6,000원

당신의 고백을 점검하라!
변승우 | 신국판 변형 | 64면 | 4,000원

종말론 바로 알기!
변승우 | 신국판 변형 | 88면 | 4,500원

아~ 믿으라는 말이 이런 뜻이었구나?
변승우 | 신국판 변형 | 96면 | 5,000원

알면 사랑할 수밖에 없는 하나님
변승우 | 신4.6판 | 40면 | 2,000원

하나님이 주신 비전!
변승우 | 신4.6판 | 136면 | 4,000원

?
변승우 | 신국판 | 312면 | 11,000원

하나님의 부르심
변승우 | 신4.6판 | 60면 | 2,500원

하나님의 선물
변승우 | 신4.6판 | 128면 | 4,000원

크리스천의 문화생활
변승우 | 신4.6판 | 64면 | 2,500원

사랑받고 사랑하는 사람!
변승우 | 신4.6판 | 120면 | 4,000원

강남 사는 이작골 스타일 목사의
산소 같은 산행일기
변승우 | 4.6배판 변형 | 312면 | 16,500원

성경이 무엇을 말하느냐?
변승우 | 신국판 변형 | 168면 | 5,000원

나는 행복합니다
변승우 | 신4.6판 | 124면 | 4,000원

박해
변승우 | 신국판 변형 | 140면 | 5,000원

과부 명부!
변승우 | 신4.6판 | 120면 | 2,500원

멍에
변승우 | 신국판 | 200면 | 5,000원

하나님이 절대주권으로
예정하셨다고요?
변승우 | 신국판 | 296면 | 8,000원

대질심문
변승우 | 신국판 | 324면 | 6,000원

천국의 가장 작은 자가 어떻게
세례 요한보다 클 수가 있나?
변승우 | 신국판 변형 | 96면 | 3,000원

계시
변승우 | 신국판 | 124면 | 4,000원

자의식 대수술!
변승우 | 신국판 | 184면 | 4,500원

종교개혁보다 나를 개혁하는 것이
더 중요하다!
변승우 | 신국판 | 348면 | 9,000원

내가 너희를 사랑한 것같이!
변승우 | 신국판 | 200면 | 4,500원

예언을 멸시하지 말라!
변승우 | 신국판 | 190면 | 5,000원

거룩한진주의 도서들 3

올바른 성경 읽기
변승우 | 신국판 | 120면 | 6,000원

청년이 무엇으로 그의 행실을
깨끗하게 하리이까?
변승우 | 신국판 | 104면 | 5,000원

푯대
변승우 | 신국판 | 184면 | 5,000원

용서는 나를 위한 것이다!
변승우 | 신국판 | 114면 | 4,000원

종교개혁은 아직 끝나지 않았다!
변승우 | 신국판 | 148면 | 5,500원

주의 음성을 네가 들으니!
변승우 | 신국판 | 128면 | 8,000원

실전 영분별
변승우 | 신국판 | 172면 | 9,000원

여호와의 산, 그 거룩한 곳!
변승우 | 신국판 | 112면 | 4,000원

1세기의 사도와 오늘날의 사도
변승우 | 신국판 | 161면 | 5,000원

장로 그리고 당회는 과연 성경적인가?
(수정증보판)
변승우 | 신국판 | 112면 | 5,000원

패러다임의 전환이 필요한
전통적인 계시관
변승우 | 신국판 | 176면 | 5,000원

날 사랑하심! 날 사랑하심~
변승우 | 신국판 | 176면 | 9,000원

교회가 변하면 세상이 변한다!
변승우 | 신국판 | 250면 | 7,000원

월드컵보다 더 중요한 경기
변승우 | 신국판 변형 | 130면 | 3,500원

말씀 말씀 하지만
성경에서 벗어난 제자 훈련
변승우 | 신국판 변형 | 183면 | 5,000원

긴급수혈
변승우 | 신국판 변형 | 73면 | 5,000원

그 시에 주시는 그 말을 하라!
즉흥 설교 제5권
변승우 | 신국판 변형 | 264면 | 7,000원

그 시에 주시는 그 말을 하라!
즉흥 설교 제4권
변승우 | 신국판 변형 | 292면 | 7,000원

그 시에 주시는 그 말을 하라!
즉흥 설교 제3권
변승우 | 신국판 변형 | 293면 | 7,000원

그 시에 주시는 그 말을 하라!
즉흥 설교 제2권
변승우 | 신국판 변형 | 305면 | 7,000원

그 시에 주시는 그 말을 하라!
즉흥 설교 제1권
변승우 | 신국판 변형 | 304면 | 7,000원

양신역사
변승우 | 신국판 변형 | 147면 | 7,000원

명목상의 교인인가? 미성숙한 신자인가?
변승우 | 신국판 변형 | 84면 | 5,000원

정통의 탈을 쓴 짝퉁 기독교
변승우 | 신국판 변형 | 295면 | 5,500원

예수빵 (개정판)
변승우 | 신국판 변형 | 116면 | 7,000원

가짜는 진짜를 핍박한다!
변승우 | 신국판 변형 | 163면 | 5,500원

구원에 이르는 지혜
변승우 | 신국판 변형 | 104면 | 8,000원

꺼져가는 등불, 양심
변승우 | 신4.6판 | 87면 | 2,500원

열방이 너희를 복되다 하리라!
변승우 | 신4.6판 | 77면 | 4,000원

하나님의 인자와 엄위 그 가운데
생명의 좁은 길이 있습니다!
변승우 | 신4.6판 | 156면 | 4,000원

여호와의 입에서 나오는 말씀
변승우 | 신국판 | 268면 | 10,000원

특별히 예언을 하려고 하라!
변승우 | 신국판 | 314면 | 9,000원

목사님, 어떻게 해야
마음이 청결한 자가 될 수 있나요?
변승우 | 문고판 | 90면 | 2,000원

좋은 씨와 맑은 물
변승우 편저 | 신국판 | 300면 | 5,000원

진짜 구원받은 사람도
진짜 버림받을 수 있다!
변승우 | 신국판 | 360면 | 13,500원

A Book That Will Save The Ones We love
An Afterlife Plan More Important Than
One's Retirement Plan!
노후준비보다 중요한 사후준비! [영문]
변승우 | 신국판 | 164면

The Book of Acts Reenacted
: Missions in Africa!
아프리카 선교 현장에서
사도행전이 재현되다! [영문]
신4.6판 | 60면 | 3,500원

A Selection of Testimonies on Heaven and Hell!
Where Will You Spend Your Eternity?
당신의 영원을 어디서 보낼 것인가? [영문]
변승우 편저 | 신국판 | 236면

Christians Going to Hell
지옥에 가는 크리스천들 [영문]
변승우 | 신국판 변형 | 300면

The Foundation
터 [영문]
변승우 | 신국판 | 256면

根基
터 [중문]
변승우 | 신국판 변형 | 188면

Am I a Person of the Beatitudes?
나는 팔복의 사람인가? [영문]
변승우 | 신국판 | 528면

Truth Like a Diamond!
다이아몬드 같은 진리! [영문]
변승우 | 신국판 | 495면

The Gospel Pervaded by Power
능력으로 관통되는 복음! [영문]
변승우 | 신국판 변형 | 41면

大能贯通的福音
능력으로 관통되는 복음! [중문]
변승우 | 신국판 변형 | 44면

The Kingdom of Overcomers
이기는 자가 가는 나라! [영문]
변승우 | 신국판 변형 | 52면

得胜者所进的国
이기는 자가 가는 나라! [중문]
변승우 | 신국판 변형 | 36면

When the Church Changes,
the World Changes!
교회가 변하면 세상이 변한다! [영문]
변승우 | 신국판 | 220면

教会改变世界就会改变
교회가 변하면 세상이 변한다! [중문]
변승우 | 신국판 | 212면

The Clearest Truth Under the Sun
해 아래 가장 명백한 진리! [영문]
변승우 | 신국판 변형 | 44면

Christianity Alone Is the Way,
and the Truth, and the Life!
오직 기독교가 길이요 진리요 생명이다!
[영문]
변승우 | 신국판 변형 | 52면

唯独基督教是道路、真理、生命!
오직 기독교가 길이요 진리요 생명이다!
[중문]
변승우 | 신국판 | 212면

救いに至る知恵
구원에 이르는 지혜 [일본어]
변승우 | 문고판 | 102면

得救的智慧
구원에 이르는 지혜 [중문]
변승우 | 신국판 변형 | 96면

동역자 도서

영광에서 영광으로
김옥경 | 신국판 | 360면 | 16,000원

From Glory to Glory
영광에서 영광으로 [영문]
김옥경 | 신국판 변형 | 336면

荣上加荣
영광에서 영광으로 [중문]
김옥경 | 신국판 변형 | 224면

치유에 대한 성경적인 3가지 원리
치유티칭
진성원 | 신4.6판 | 96면 | 6,000원

김동욱 목사 명설교 모음
김동욱 | 신국판 | 232면 | 15,000원

문맥 안에서 다시 보는
로마서 난해구
이동기 | 신국판 | 296면 | 15,000원

믿음의 순종
이동기 | 신4.6판 변형 | 72면 | 4,500원

팩트 체크!
"변승우 목사가 신사도 운동을 한다?"
이동기 외 2인 | 신4.6판 | 72면 | 4,000원

물러서지 않는 것이 신앙이다!
이윤석 | 신4.6판 | 80면 | 3,000원

'주께서'
이 안에 치유의 비결이 있다!
이길용 | 신4.6판 | 116면 | 3,500원

하나님이 창안하신 부부질서
김원호 | 신국판 변형 | 273면 | 8,000원

읽는 자는 깨달을 찐저!
강순방 | 신국판 | 184면 | 5,000원

Let the Readers Understand!
읽는 자는 깨달을 찐저! [영문]
강순방 | 신국판 | 184면

번역서

그 발 앞에 엎디어
썬다 싱 | 신국판 변형 | 152면 | 10,000원

아주사 부흥 그 놀라운 간증
토미 웰첼 | 신국판 변형 | 200면 | 12,000원

가브리엘 천사를 만나다
롤랜드 벅 | 찰스 & 프랜시스 헌터 엮음
| 신국판 | 288면 | 15,000원

주여! 내 마음을 살피사
찰스 G. 피니 | 신국판 | 376면 | 8,500원

가브리엘 천사를 만난 사람
롤랜드 벅·샤론 화이트 | 신국판 | 246면 | 7,700원

마귀들에 대한 놀라운 계시
하워드 O. 피트만 | 신국판 | 196면 | 12,000원

성령이 일으켜 주시는 달콤한 소원!

발행일 2026년 1월 20일 초판 1쇄
지은이 변승우
발행인 변승우
발행처 도서출판 거룩한진주
주 소 서울 송파구 위례성대로22길 27-22 (우) 05655
전 화 02-586-3079
팩 스 02-523-3079
Website http://www.belovedc.com
http://cafe.daum.net/Bigchurch (B 대문자)
https://www.youtube.com/@belovedch

ISBN 979-11-6890-077-6 02230